Edurne, aquejada por una enfermedad,

vive cambios profundos cuando su familia se muda buscando su bienestar. En el nuevo barrio, el encuentro con vecinos enigmáticos marca el inicio de una etapa llena de descubrimientos y solidaridad. Este traslado, lejos de ser un obstáculo, se transforma en una aventura que enseña a Edurne sobre la amistad, la resiliencia y el valor de los lazos comunitarios en los momentos más desafiantes.

Valores implícitos:

Este relato resalta la importancia de la empatía, la solidaridad y la familia. A través de las vivencias de Edurne, los jóvenes lectores aprenderán sobre la resiliencia, el apoyo incondicional y la esperanza. Refleja cómo los momentos difíciles pueden unirnos y enseñarnos a valorar lo verdaderamente importante en la vida.

TITANES

Edurne y los demás

© del texto: Oskar Bilbao-Goioaga
© de las ilustraciones: Xavi Miró Inglés
© del diseño y corrección: Equipo BABIDI-BÚ

© de esta edición:
Editorial BABIDI-BÚ, 2025
Avda. San Francisco Javier, 9, 6ª, 23
Edificio Sevilla 2
41018 - SEVILLA
Tlfn: 912.665.684
info@babidibulibros.com
www.babidibulibros.com

Impreso en España
Primera edición: enero, 2025

ISBN: 979-13-87558-66-6
Depósito Legal: SE 2787-2024

Oskar Bilbao-Goioaga

Edurne
y los demás

Ilustraciones de Xavi Miró Inglés

¡Hola! Me llamo Edurne Larrondo y tengo doce años. A mí siempre me ha gustado vivir en el centro porque es allí donde están las tiendas, las plazas, las bibliotecas y los polideportivos. Hay que vivir en el centro... si se puede, claro. Cuando leáis esto, sabréis por qué lo digo. Nuestro pueblo no es enorme, pero, si lo comparamos con los de alrededor, es el mayor de la zona. Está entre montes y, como os he dicho, tiene de todo, hasta un cine bien chulo. Y allí estábamos mi padre y yo viendo una película de miedo cuando empezó todo. «¡RING!» En la parte más emocionante de la película, a mi padre le sonó el móvil. Él lo silenció en seguida, pero pasados unos segundos, empezó a sonar otra vez. Al final, tuvo que contestar.

—Edurne, nos vamos. Es mamá. Tenemos que marcharnos —dijo por lo bajo.

—¿Pero qué dices, papá? Yo no quiero irme. ¡Estoy viendo la película!

—Iker está enfermo, vámonos ahora mismo.

Iker es mi hermano pequeño. Yo, entonces, tenía ocho años, y él solo cuatro.

Papá y yo fuimos corriendo hasta la plaza y, aunque seguía enfadada, viendo lo que estaba pasando allí, en seguida se me quitó el mal humor. Me quedé de piedra al ver a Iker así: tenía la cabeza roja y no paraba de vomitar mientras le salía hipo una y otra vez. Todos nos llevamos un susto enorme. Mi madre, la abuela Mari y el abuelo Julián tenían una cara de preocupación impresionante. Parecía que Iker se iba a ahogar allí mismo.

—¡Que alguien llame por teléfono ahora mismo y pida una ambulancia! —gritaba una señora que solía estar siempre en la plaza.

—¿Qué te pasa, hijo? ¡Respira! —decía mi madre fuera de control—. Respira más tranquilo, Iker. ¡Ay, Dios mío!

Iker seguía con cara de ahogado. Entonces, mamá también se puso a gritar. Estaba más nerviosa que nunca.

—¡Ayuda! ¡Ayuda, por favor! ¡Necesitamos un médico!

Toda la plaza nos miraba. A Iker le daban unos espasmos terribles, como si estuviera ido. Pasaron todavía unos minutos hasta que llegaron dos chicos vestidos de amarillo, que tumbaron a Iker en una camilla y lo transportaron rápidamente hasta la ambulancia.

No me resulta nada fácil recordar todo esto, pero a partir de aquel día, nuestra vida se volvió triste. Fue entonces cuando Jon, mi padre, empezó a ir a Barcelona. Todavía no lo he dicho, pero mi padre trabaja en un laboratorio descubriendo medicinas y vacunas. Por suerte, mi madre trabajaba más cerca.

—Mamá, ¿qué vamos a hacer el fin de semana?

—Iker está enfermo y papá llegará cansado de Barcelona. Nos quedaremos en casa.

Conocía esa respuesta.

Pasaron seis meses hasta que Iker se curó del todo y, durante todo ese tiempo, apenas hicimos nada. Todos los fines de semana tenía que quedarme aburrida en casa por su culpa. Bueno, por su culpa no, pero entonces yo no lo sabía. Un día sorprendí a mi padre hablándole así a mi hermano:

—¡Iker, gatito, mañana vamos a ir a cenar a un restaurante mexicano! Hay que celebrar que te has curado.

Yo, cuando oía a papá hablar de esa manera a mi hermano, me parecía que era idiota y me daba mucha rabia. Y por eso dije que no quería ir. Sin embargo, como todos votaron que sí, al día siguiente nos fuimos a cenar al restaurante mexicano. Cuando llegamos, nos sentamos alrededor de una mesa redonda y nos dieron una libreta con el menú a cada uno:

—¡Yo quiero chiles rellenos! —dije yo, sin pensarlo demasiado, y sin saber qué diantres eran los chiles rellenos. Creo que, sin más, fue el nombre lo que me atrajo. No podía imaginar todo lo que iba a pasar a partir de entonces.

—Eso es muy picante. Mejor que pidas otra cosa —dijo mi madre.

—¡Lo que yo como lo decido yo! —respondí frunciendo el ceño.

El camarero trajo un plato grande de carne, frutas y verduras, sobre todo alubias. La verdad es que no me gustaba ni pizca aquella comida picante e intragable, pero me la comí casi toda porque soy muy cabezota. Luego, en casa, no podía pegar ojo. Incluso vomité. No quería llamar a mis padres, pero al final cedí:

—¡Papá, ayúdame, estoy vomitando!

Mi padre se levantó de la cama y rápidamente vino al cuarto de baño. A decir verdad, me sentí mucho mejor en cuanto llegó. Luego, el sueño enseguida se apoderó de mí. El caso es que mi padre quería llevarme al médico al día siguiente:

—Edurne, tenemos que ser precavidos. Nos vamos al médico.

Yo, entonces, odiaba a los médicos. ¡Ahora no! Ahora pienso que son los seres más maravillosos del mundo, pero entonces no sabía esa verdad tan grande. Solo con oír la palabra «médico» me mareaba y me ponía aún más enferma. Imaginaos cuál fue mi respuesta:

—¡No, no y no! No pienso ir. Yo no soy tan blandengue como Ikercito —pronuncié el nombre de mi hermano con desprecio y arrogancia—. Ya estoy bien. Estoy curada.

Mi padre empezó a hablar solo:

—Jon, ¿vas a permitir que una niña de 8 años decida si hay que ir o no al médico? —se dio la vuelta y desapareció. Una hora más tarde estábamos en el ambulatorio.

—Siéntate aquí —dijo el médico, muy amable, mientras me señalaba la camilla. Obedecí.

—¿Me vas a hacer daño? —pregunté.

—No —respondió sonriendo—, pero no te muevas. Solo voy a hacerte una foto.

Por desgracia, el médico descubrió algo malo en la radiografía porque, a partir de aquel día, las visitas al médico se hicieron incontables. O mejor dicho, las visitas y los viajes porque, en seguida, yo también empecé a ir a Barcelona; sobre todo con mi padre, pero también muchas veces con mi madre y con Iker. Allí me examinaron otros médicos. Todavía recuerdo escuchar a dos enfermeros susurrando:

—*Pobre noia, cal fer més anàlisi.*

—*Silenci, que les nenes entendre tot.*

Creían que no les entendía, pero lo entendía todo. Tenían que hacerme más análisis porque estaba muy enferma.

Para entonces, mi madre había dejado el trabajo para poder estar conmigo. ¿Cuántas veces escuché a mi madre esta frase en aquella época?

—Edurne, recoge tus cosas. Mañana nos vamos a Barcelona.

No os creáis; estar enfermo también tiene sus ventajas. A mí me ha dado la posibilidad de conocer otros lugares, otras gentes y otras ciudades. Cada vez que iba a Barcelona, me parecía más bonita. ¡Qué casas! Esa ciudad tiene algo especial.

Pero, a pesar de todo, ¿quién quiere estar enferma? Yo, desde luego, no. Las desventajas eran mucho mayores que las ventajas. ¿Recordáis que os he dicho que me gustaba vivir en el centro? Pues, un día de aquellos que estaba tumbada en la cama, vino mi madre y dijo:

—El mes que viene nos cambiamos de casa. He encontrado una ganga en otro barrio.

¿Cómo? Yo no veía ninguna necesidad de cambiarnos de casa. Estaba muy a gusto donde vivíamos. La escuela estaba en el barrio y todos mis amigos también.

—¿Sabes? —le dije muy enfadada—. Aunque estoy enferma, voy a pelear para que no nos cambiemos de casa. ¿Os creéis que no me doy cuenta? Queréis aprovecharos de que estoy enferma para consultarlo con Iker y conmigo no.

Fue entonces cuando decidí que hablaría con mi padre. Él iba a ser mi aliado en aquella guerra. La semana se me hizo lenta pero, por fin, llegó el viernes y mi padre con él.

—Papá, yo no quiero cambiarme de casa. Todos mis amigos viven aquí y la escuela también está aquí. ¿Para qué cambiarnos entonces?

—Los niños no deciden estas cosas. Mamá ha encontrado un chollazo y nos mudamos —contestó mi padre muy seco, dejándome de piedra.

—¿Cómo? Papá, por favor —empecé a llorar.

Mi padre se acercó a consolarme pero, aun así, no cedió:

—Edurne, sabes que te quiero más que a nada en el mundo, pero tienes que entender que los padres no pueden dejar que los hijos decidan dónde vivir o dónde no. Ahora no lo comprendes, pero es por tu bien.

Todo, absolutamente todo, fue en vano. Yo seguí llorando todo el día. Iker, en cambio, no decía ni mu. Al final, viendo que estaba completamente sola, tuve que ceder:

—Pero no me cambiaréis de escuela, ¿verdad? —le pregunté a mi padre sin poder parar de gemir.

—No, Edurne, para cambiar de casa no hay por qué cambiar de escuela.

—¿De verdad? ¿Me lo prometes?

—De verdad —contestó mi padre.

Aquella noche, viendo que estaba tan triste, mi madre entró en mi dormitorio.

—Edurne, es natural que ahora estés enfadada. Vas a estar más lejos de tus amigas que antes.

No respondí nada, pero las lágrimas asomaron otra vez en mis ojos sin que yo lo quisiera.

—Edurne, por favor, deja de llorar —dijo de repente mamá muy brusca. Luego, con voz llorosa, añadió—: Es malo para tu salud.

Aquellas palabras me impresionaron mucho. Me callé en el acto.

Un mes más tarde nos cambiamos a la nueva casa. Mis padres se pasaron muchos días metiendo y ordenando todas nuestras cosas en cajas. Iker y yo también ayudábamos. Las marcábamos con rotuladores: libros, vajilla y cazuelas, ropa...

Un día llegaron unos hombres en un camión y sacaron todas nuestras cosas del piso. Hasta la nevera y la lavadora. Yo estaba esperando dentro del coche con Iker y, desde allí, lo vimos todo. Después, mi padre puso en marcha el coche y abandonamos nuestro barrio para siempre.

El camino resultó bastante más largo de lo esperado. Yo no conocía aquellas calles del pueblo. Iker tampoco. Por eso, miraba a través de la ventana con cara de búho. Cuando mi padre paró el motor, Iker preguntó sorprendido:

—La casa nueva... ¿dónde está?

—¿La casa *nueva*? —No pude evitar preguntarlo.

—Sí, ya sé que, vista por fuera, parece un poco desarrapada —dijo papá—, pero por dentro es muy amplia y está fenomenal.

¿Desarrapada? La verdad es que no había oído esa palabra en mi vida. No sabía ni qué quería decir (ahora sí, claro). Creo que mi padre la utilizó para distraernos de la enorme decepción que tuvimos al ver aquel bloque oscuro, viejo y descascarillado. Pero no lo consiguió. No, señor. A mí me pareció una casa rota y triste. Y, encima, ¡en el quinto pino!

—En el mundo —dijo mi hermano— hay mucha gente que no tiene ni siquiera una casa donde vivir.

—Así es, Iker. ¡Bien dicho! —respondió mi madre inmediatamente. Como estaba muy triste, me puse en contra de Iker:

—Tú, como siempre, haciendo la pelota.

Nuestra casa era la última. Detrás no había nada más, solo las rocas de un monte. Y por si fuera poco, estaba lejísimos de la escuela; mientras que antes, en tres minutos, estaba sentada en mi pupitre.

No obstante, durante aquel año apenas fui a clase porque casi siempre estaba enferma, en casa o en la clínica. Además, todos los días tenía que tomar las pastillas. Irene, mi madre, es muy buena, pero con eso era superestricta: tenía que tomar las medicinas Y PUNTO. Un día, al acabar el verano, muy seria, entró en mi habitación.

—Mañana vas a empezar otra vez a ir a la escuela —dijo mi madre.

—¡Viva! —grité yo, loca de contenta.

Porque, aunque os parezca extraño, yo estaba deseando volver a la escuela. Pero madre no sonreía:

—Edurne, escucha con atención: tienes que tomar las medicinas antes de comer. ¿Me prometes que no se te va a olvidar?

—Sí, mamá —respondí un poco asustada.

Tras unos segundos, mi madre añadió:

—Si no lo haces, te puedes morir.

Entonces mi madre empezó a llorar como un bebé. Yo me quedé helada. No había visto llorar a mi madre en mi vida. Ni siquiera el día en que Iker se puso rojo como un tomate en la plaza. Sentí miedo y, sobre todo, pena; por mi madre y por mí, por las dos. Me quedé callada unos momentos hasta que de mi boca se escapó:

—Mamá, te quiero.

—Yo también te quiero, Edurne.

Algunos no lo saben (yo tampoco entonces), pero lo más importante no es vivir en el centro o en el quinto pino. Eso son bobadas. Sin embargo, sin salud, no se puede vivir... ¡en ningún sitio! Y eso sí que es un problema. Aquella época fue muy dura para todos. Y ahora creo que, para mis padres, mucho más.

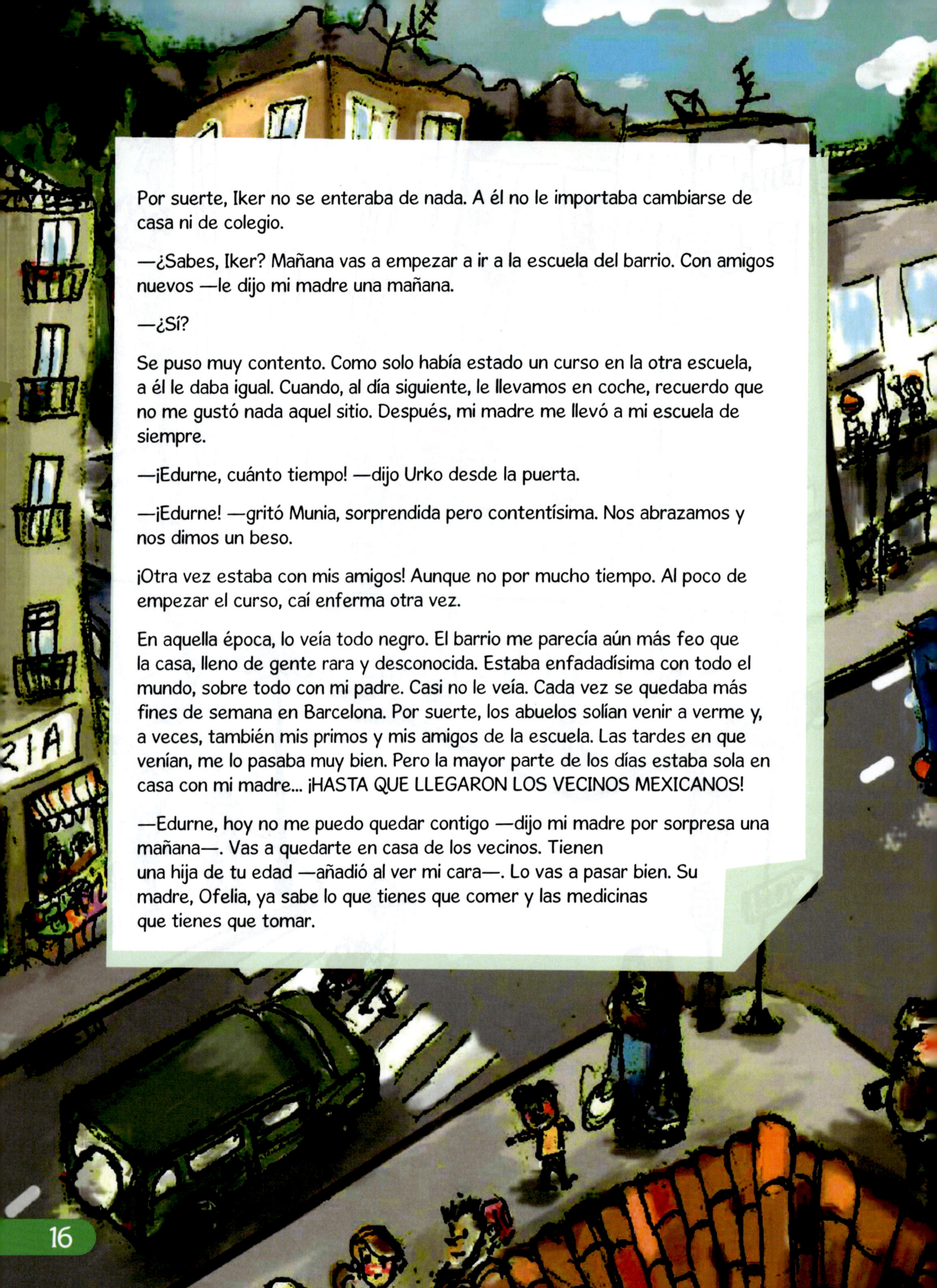

Por suerte, Iker no se enteraba de nada. A él no le importaba cambiarse de casa ni de colegio.

—¿Sabes, Iker? Mañana vas a empezar a ir a la escuela del barrio. Con amigos nuevos —le dijo mi madre una mañana.

—¿Sí?

Se puso muy contento. Como solo había estado un curso en la otra escuela, a él le daba igual. Cuando, al día siguiente, le llevamos en coche, recuerdo que no me gustó nada aquel sitio. Después, mi madre me llevó a mi escuela de siempre.

—¡Edurne, cuánto tiempo! —dijo Urko desde la puerta.

—¡Edurne! —gritó Munia, sorprendida pero contentísima. Nos abrazamos y nos dimos un beso.

¡Otra vez estaba con mis amigos! Aunque no por mucho tiempo. Al poco de empezar el curso, caí enferma otra vez.

En aquella época, lo veía todo negro. El barrio me parecía aún más feo que la casa, lleno de gente rara y desconocida. Estaba enfadadísima con todo el mundo, sobre todo con mi padre. Casi no le veía. Cada vez se quedaba más fines de semana en Barcelona. Por suerte, los abuelos solían venir a verme y, a veces, también mis primos y mis amigos de la escuela. Las tardes en que venían, me lo pasaba muy bien. Pero la mayor parte de los días estaba sola en casa con mi madre... ¡HASTA QUE LLEGARON LOS VECINOS MEXICANOS!

—Edurne, hoy no me puedo quedar contigo —dijo mi madre por sorpresa una mañana—. Vas a quedarte en casa de los vecinos. Tienen una hija de tu edad —añadió al ver mi cara—. Lo vas a pasar bien. Su madre, Ofelia, ya sabe lo que tienes que comer y las medicinas que tienes que tomar.

No sabía qué responder. Por un lado, lo que proponía mi madre me intrigaba mucho porque estaba aburridísima de estar siempre en casa. Pero casi no conocía a los nuevos vecinos y, además, no me gustaban porque me parecían rarísimos.

—No voy a ir.

—¿Cómo que no vas a ir? Voy tarde y todavía tengo que vestir a Iker y llevarlo a la escuela —respondió mi madre muy arisca.

Media hora más tarde, mi madre abrió la puerta de casa y tocó en la puerta de los vecinos. ¡TOC-TOC!

—Hola, Ofelia, aquí te traigo a Edurne. Y discúlpame, pero voy mal de tiempo y tengo que marchar ahora mismo. Por favor, no le dejes comer nada más que su comida. Y, si pasa cualquier cosa, llámame en seguida. Sin dudarlo.

—La señora Irene no tiene de qué preocuparse. Se puede ir a trabajar tranquila —respondió Ofelia de una manera dulce y extraña.

No puedo explicar fácilmente lo que sentí la primera vez que entré en el piso de los vecinos. Recuerdo que había muchos colores y que aquello me impresionó. Colores muy vivos por todas partes. En las paredes, en los techos, en el suelo, en la comida, en los muebles, en las mantas... hasta en las mesillas de noche.

Yo no sabía si aquello me gustaba o no. De todas formas, como estaba enfadada con el mundo, decidí que no me gustaba tanto colorido. Con Mariana, me pasó algo parecido.

Aunque lo peor vino cuando llegó la hora de la cena. Comían unas cosas muy raras y casi todas eran picantes: tortas, chiles y un montón de frutas que no conocía. Todo me recordaba al día en que fuimos a aquel restaurante mexicano y me puse malísima. Para entonces ya sabía que estaba muy enferma, sobre todo desde la noche en que mi madre se puso a llorar. ¡Qué mal me sentí aquel día en casa de Mariana rodeada de toda aquella comida picante! Solo quería que llegaran cuanto antes Iker y mi madre.

Cuando llegaron, nos fuimos a casa, me metí en mi habitación y empecé a llorar. ¿Por qué no podía ser como el resto de los niños? ¿Por qué no podía vivir cerca de ellos? ¿Por qué no podía ir a la escuela? Más tarde, salí de la habitación para ir al cuarto de baño. Desde allí escuché la voz de mi madre hablando por teléfono.

—¿Y qué quieres que haga, Jon? Cada vez hay más deudas. ¿Quién va a pagar el tratamiento? Además, tú estás siempre fuera haciendo horas extras y casi no conoces a tus hijos. Tengo que aceptar este trabajo hasta que consigamos el trasplante.

«Trasplante». Conocía esa palabra. Todavía no os lo he dicho, pero yo necesitaba un trasplante de hígado para curarme. En seguida, escuché otra vez la voz de mi madre:

—Sí, la he dejado con los nuevos vecinos.

Mi madre permaneció escuchando por un momento y, de repente, apartó el móvil. No sé si fue porque se dio cuenta de que yo estaba escuchando o porque mi padre le había colgado. Me metí corriendo en la habitación y no volví a llorar más. No quería que mi madre me viera triste, aunque, en realidad, tenía unas ganas de llorar terribles.

A partir de ese día, empecé a ir a casa de Mariana casi todos los días. Por las mañanas me quedaba sola con Ofelia y luego, por la tarde, llegaban de la escuela Iker, Mariana y sus dos hermanos. Iker, a pesar de que entonces solo tenía seis años, se entendía muy bien con Orlando y Emiliano, que tenían ocho y once. Se puede decir que lo tomaron como mascota. Solían ver películas de los Hermanos Marx, grabadas por mi padre, y se partían de risa hasta reventar. Yo también las veía. Y Mariana. Otras veces se pasaban la tarde jugando al fútbol por el pasillo, gritando y riendo.

Por suerte, a veces también acompañaba a mi madre al trabajo y allí me lo pasaba fenomenal. Mi madre es decoradora y estaba haciendo un chalet para un matrimonio muy rico. Aquello era un palacio: jardín, tres plantas y, arriba, un desván gigante. Parecía una casa de esas que salen en las películas. A mí me encantaba ir allí porque así tenía la oportunidad de estar fuera de casa.

Un día de verano, llamaron a mis padres de la escuela para decirles que, con tanta ausencia, no iba a poder pasar de curso. Unos meses después, tuve la mayor decepción de toda mi vida: mis padres me cambiaron a la escuela de Iker y Mariana.

—Está más cerca de casa y, además, podrás ir y volver con Mariana —dijo mi padre.

—¡Papá, me mentiste! Me prometiste que nunca me cambiaríais de escuela.

Mi padre no sabía qué decir. Se quedó un rato en silencio y yo salí corriendo mientras lloraba. ¡Mi padre me había traicionado! Y eso sí que hacía daño. Sentía un dolor tremendo y mi padre parecía que ni siquiera se daba cuenta. «Palabra dada, palabra cumplida», solía repetir muchas veces y, mira por dónde, él mismo se había convertido en el mayor embustero del mundo. A partir de entonces, lo odiaba todo: la nueva profesora, la nueva escuela, la nueva casa, el barrio... Por eso creo que le cogí tanta manía a Mariana, a pesar de que ella siempre se portase tan bien conmigo.

—¿Quién es esa chica? —me preguntaron una vez unas chicas de la otra clase durante el recreo. Me puse muy nerviosa y respondí tartamudeando:

—No lo sé, apenas la conozco —mentí.

—Pues yo pensaba que era tu hermana —dijo la peor de todas.

Entonces yo pensé que, al vernos llegar siempre juntas, en la nueva escuela mucha gente creía que Mariana y yo éramos hermanas. ¡Y eso sí que me daba muchísima rabia!

—Pues no. Y, además, no es amiga mía. No la aguanto —respondí.

No lo dije pero, enfadada, pensé: «No nos parecemos en nada: ella es morenísima y yo palidísima. ¿Cómo diablos vamos a ser hermanas?». Aquel día no volví a casa con Mariana.

Sin embargo, yo solía ir muy poco a la escuela. Cada vez tomaba más medicinas y aquel año me lo pasé casi entero en casa de Mariana. Mi madre se iba todas las mañanas a decorar el palacio y mi padre, como siempre, andaba con sus asuntos en Barcelona. Me sentía muy sola y cada vez más enferma. Encima, resultaba una carga para todo el mundo. Una mañana entré en la cocina. No quería decir nada para no preocupar a mi madre, pero las palabras se volvieron a escapar de mi boca sin yo quererlo:

—Mamá, ¿por qué me pasa todo a mí? ¿Qué he hecho mal?

—Edurne, cariño, las personas no pueden vivir sin hígado y solo puede donártelo alguien que acabe de morir. Hay una lista con mucha más gente de la que puedas imaginar esperando recibir un hígado.

—Pero casi todos son mayores —me quejé yo—. ¿Cuántos niños hay en esa lista?

Mi madre se quedó callada. Después, se acercó y comenzó a abrazarme en silencio.

Yo, a pesar de ir a la escuela muy poco, cuando iba, trataba de mantener a Mariana lo más lejos posible. También en el patio. Ella, aunque se daba cuenta de todo, no decía nada. Sin embargo, lo quisiéramos o no, Mariana y yo seguíamos compartiendo mucho tiempo juntas. En realidad, me pasaba toda la tarde deseando que llegara Mariana de una vez.

—Buenas tardes, Edurne.

—Hola, Mariana, ¿qué tal hoy por la escuela?

—Mikel y Andrea son novios.

—¿De verdad? ¿Y Fátima qué dice?

—Ahora dice que Mikel es idiota y que no le gusta ni pizca.

—Ja, ja, ja, ja —reímos las dos.

Recuerdo que aquellas Navidades pusieron en el cine del pueblo una película que yo quería ver, pero como siempre estaba en casa enferma, al final no pude. Un día le conté a Mariana el argumento:

—Los protagonistas son unos niños que, mientras están filmando una película en una estación de tren, se les aparece un monstruo extraterrestre horrible.

—¡Ya sé cuál es! Aunque yo tampoco me acuerdo del título. Es de Steven Spielberg —respondió Mariana.

Al día siguiente, Mariana llegó más tarde de lo normal. Yo, como siempre, estaba deseando que apareciera cuando oí el sonido de la puerta. Corrí a abrirla:

—¡Hola, Edurne!

—¡Hola, Mariana! Hoy has venido muy tarde.

—Sí, he ido a casa de Brad... —se calló y sacó algo de su mochila— a por una cosa.

Entonces, ¡Mariana sacó de su mochila el DVD de la película! La vimos en su habitación mientras cenábamos espagueti y a las dos nos encantó. Cuando terminó, nos miramos y, a la vez, se nos escapó una sonrisa. Creo que en aquel momento supe que Mariana era mi mejor amiga.

Pero aquella noche ocurrió algo más. Al salir de casa de los vecinos, por primera vez, me fijé en el letrero que había en su puerta. Era nuevo y ponía: «Mariano Larrondo-Ofelia Cuecuecha». Me resultó llamativo y me repetía a mí misma sorprendida: «Larrondo, Larrondo». Aprovechando que era viernes y que mi padre estaba en casa, le pregunté esa noche:

—Papá, *Larrondo*, además de nuestro apellido, es el nombre de un barrio del pueblo, ¿verdad? —Mi padre asintió.

—¿Entonces cómo puede ser que los vecinos tengan el mismo apellido que nosotros, si vienen de México? ¿No deberían tener un apellido mexicano?

Mi padre se tomó algo de tiempo antes de responder:

—Verás, Edurne, ahora viene mucha gente a nuestro pueblo en busca de trabajo. Pero antes, eran nuestros abuelos y abuelas los que emigraban, sobre todo a América.

—¿Ah, sí? ¿Y por qué?

—Porque aquí no era fácil ganarse la vida y mucha gente se marchaba a otros lugares. También a México, claro.

—¡Y allí tuvieron hijitos! —le interrumpí bastante excitada—. ¡Claro! Por eso en la escuela todo el mundo pensaba que éramos hermanas. ¡Porque las dos nos apellidamos igual! —grité mientras reía. Mi padre me miraba extrañado.

Así, los (otros) Larrondo se convirtieron en mis mejores amigos. Aunque me costó bastante, por fin, me di cuenta de lo injusta que había sido con Mariana, y quise decírselo porque, si no, no me iba a quedar tranquila. Fue una tarde. Yo, como siempre, estaba esperando que ella volviera de la escuela. Cuando llegó, empezamos a hacer los deberes. Mariana es muy inteligente y siempre me explica todo con mucha paciencia. Cuando terminamos, nos quedamos mirándonos y le dije:

—Mariana, eres mi mejor amiga.

—Y tú la mía —contestó ella.

—Ya. Pero al principio me porté muy mal. No quería que nadie me viera contigo en la escuela y, además, no sé por qué.

—No te preocupes, Edurne. Todos cometemos errores. —Me miró sonriendo y dijo—: ¡Tú sí que eres mi mejor amiga!

Y entonces nos dimos un abrazo fuerte y largo, de esos que te das con la gente que quieres. Además, mi padre y el padre de Mariana pronto se hicieron grandes amigos y, al año siguiente, Mariano empezó a trabajar en el mismo laboratorio que mi padre. Porque Mariano también es químico.

Unos días más tarde, volviendo de la escuela con Mariana, de repente me sentí sin fuerzas y me caí escaleras abajo.

—¡Socorro! ¡Ayuda! —gritó Mariana.

Por suerte, una vecina nos ayudó. Al oír los chillidos, abrió la puerta y salió en busca de Ofelia. En seguida, llegó también una ambulancia.

—La paciente está muy grave. Lo más prudente es que se quede en la clínica —dijo el médico.

No había duda de que estaba muy enferma. Yo, la verdad, estaba convencida de que me podía morir en cualquier momento. Por suerte, no fue así, pero me sentía muy triste, rodeada de cables, tubos y aparatos. Un día, mientras estaba escribiendo este cuento, llegaron mis padres:

—Hola, hija, buenas noticias —dijo mi padre sonriente.

—¿Buenas noticias? ¿Cuáles? —respondí yo muy nerviosa. Para cuando me di cuenta, tenía el corazón a cien.

—Te quiero muchísimo y te echo muchísimo en falta cuando estoy en Barcelona.

—Eso ya lo sé, papá —dije yo decepcionada.

—Segunda buena noticia: para curarte necesitas un donante...

—Sí, papá, sí, eso también lo sé.

—¡Pues yo voy a ser el donante!

Mi padre me dio un abrazo como si fuera un pulpo. Yo no entendía nada. ¿Cómo que me iba a dar mi padre su hígado? ¿No lo necesitaba él? A mí siempre me habían dicho que sin hígado no se puede vivir y que, por eso, el donante tenía que ser alguien recién fallecido. Pero entonces papá dijo:

—Edurne, los médicos han conseguido hacer trasplantes a niños... con solo un trozo de hígado.

No podía creerlo. Estaba muy contenta y nerviosa a la vez. Sin embargo, en seguida me vino a la cabeza la salud de mi padre.

—Pero, papá, tú no estarás en peligro, ¿verdad?

—No, hija, no. Y además, da igual. Los médicos han dicho que es posible y eso es lo único que importa. Ya no tenemos que estar esperando a un donante.

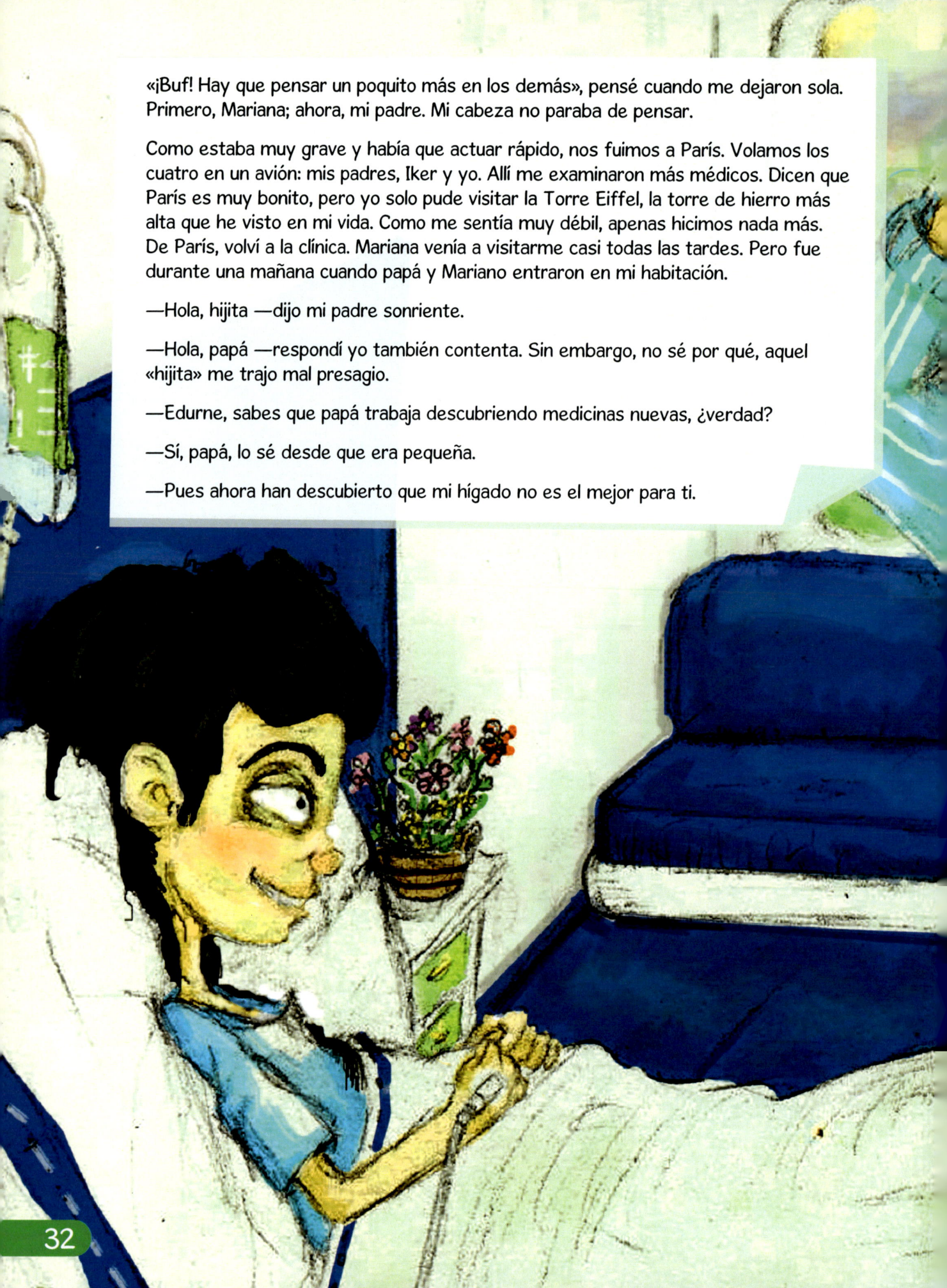

«¡Buf! Hay que pensar un poquito más en los demás», pensé cuando me dejaron sola. Primero, Mariana; ahora, mi padre. Mi cabeza no paraba de pensar.

Como estaba muy grave y había que actuar rápido, nos fuimos a París. Volamos los cuatro en un avión: mis padres, Iker y yo. Allí me examinaron más médicos. Dicen que París es muy bonito, pero yo solo pude visitar la Torre Eiffel, la torre de hierro más alta que he visto en mi vida. Como me sentía muy débil, apenas hicimos nada más. De París, volví a la clínica. Mariana venía a visitarme casi todas las tardes. Pero fue durante una mañana cuando papá y Mariano entraron en mi habitación.

—Hola, hijita —dijo mi padre sonriente.

—Hola, papá —respondí yo también contenta. Sin embargo, no sé por qué, aquel «hijita» me trajo mal presagio.

—Edurne, sabes que papá trabaja descubriendo medicinas nuevas, ¿verdad?

—Sí, papá, lo sé desde que era pequeña.

—Pues ahora han descubierto que mi hígado no es el mejor para ti.

—¡Ya me lo imaginaba yo! —En aquel momento, noté como si mi corazón me pegara puñetazos y como si se fuera a escapar de mi cuerpo. Me encontraba fatal y me iba a morir. Ese era mi destino. Pero, mi padre seguía sonriente y eso me dio esperanza. En seguida dijo:

—¡Pero han descubierto que el hígado de Mariano es inmejorable para ti! ¡Tatatachán! —gritó mi padre como si fuera un mago.

Mi padre y Mariano empezaron a saltar y a abrazarse como niños. Yo, aunque estaba superenferma, viéndolos así, también me puse contentísima. Entonces entró Iker con mi madre y mis abuelos. Al ver a mi hermano, me acordé de lo mal que me había portado (también) con él cuando estuvo enfermo, siempre quejándome porque me aburría por «su culpa». Yo llevaba enferma ya tres años... ¡y no había oído ni una sola queja de nadie! Otra vez lo mismo. Más tarde, me quedé sola con mis padres. Iker se había ido a dormir a casa con los abuelos.

—Papá, soy una egoísta. Siempre estoy protestando porque mamá y tú estáis todo el día trabajando o porque no me gusta la casa o por qué sé yo. Y vosotros siempre pensando en mí. Y Mariano. Y Mariana. Y Ofelia. Todos.

—No te preocupes, Edurne. Las cosas a veces son así. Tienen que pasarnos las desgracias a nosotros para sentir empatía.

En primavera hicimos el viaje más bonito que he hecho en mi vida: fuimos a Nueva York. Viajamos mis padres, Iker, Mariano, Mariana y yo. Es un vuelo muy largo, pero merece la pena. ¡Qué ciudad! Yo alucinaba. ¡Qué rascacielos! ¿Y la gente? De todo tipo. Allí cada uno va vestido como le da la gana y nadie dice nada. Me gustó ese sitio. Nada más llegar allí, empecé a sentirme mejor.

—Los análisis están correctos. Ahora solo queda esperar —dijo el médico.

—¿Y qué vamos a hacer hasta entonces? —preguntó mi padre.

—Ustedes verán. En esta ciudad hay muchas cosas que hacer para una familia que acaba de llegar —respondió el doctor.

Aquello era verdad. Hasta el día de la operación, hicimos casi de todo: el primer día lo pasamos yendo de aquí para allá por las calles de Manhattan. Allí vimos cómo hacían una película en la 5ª Avenida:

—*Excuse me; do you want to show up in a movie as a tourist?* —le dijo una chica a mi madre por sorpresa.

Ella dijo que sí, pero puso una condición:

—*Of course, but only if my children appear too.*

Y así, Iker, Mariana y yo aparecimos en una película. Otro día queríamos ver el mar y nos fuimos a la playa, a un sitio que se llama Rockaway. Luego, por la tarde, estuvimos en un parque de atracciones antiguo. ¡Qué bien lo pasamos! Además, por suerte, las operaciones fueron bien. Y digo las operaciones porque a Mariano también le operaron. Nunca podré olvidar lo que hizo Mariano por mí. Ni lo que hizo mi padre. Ni lo que hicieron mi madre, Mariana, Iker, Ofelia...

En unas semanas, me sentía fenomenal. He vuelto a ir a la escuela, e incluso, este año he aprobado el curso. Ahora, han llegado las vacaciones y me paso los días jugando con Mariana y con mis amigos, en la calle o en la playa. Encima, este verano he conocido a mucha gente, sobre todo chicos. Mariana y yo nos hemos apuntado a un curso de patinaje y ahora, las dos tenemos novio. El mío se llama Koldo, y el de Mariana, Xabi. Casi todos los días vamos a patinar y, cuando lo hacemos, no sé por qué, me siento supercontenta.

¿Y sabéis qué es lo más extraño? Antes no me gustaba nada el picante, ¿os acordáis? Pues ahora me encanta. De todas formas, el médico dice que el picante no es bueno para mí, y por eso nunca tomo demasiado... pero cuando estoy en casa de Mariana es imposible no comer algo picante. Y me gusta. Será porque tengo un hígado mexicano, ¿no creéis?